AF339819

LE

TEMPLE DE JÉRUSALEM

D'APRÈS LES

TRAVAUX DES ARCHÉOLOGUES MODERNES

PAR

J. HERRMANN

RABBIN DE VALENCIENNES

PARIS
LIBRAIRIE G. FISCHBACHER
33, RUE DE SEINE, 33

1882

LE

TEMPLE DE JÉRUSALEM

LE
TEMPLE DE JÉRUSALEM

D'APRÈS LES

TRAVAUX DES ARCHÉOLOGUES MODERNES

PAR

J. HERRMANN

RABBIN DE VALENCIENNES

1882

AVANT-PROPOS

AU LECTEUR

Dans le modeste travail que nous livrons au public, nous avons essayé de reconstituer d'après les données de la science archéologique moderne, le plan et les dispositions de ce monument unique dans l'histoire de l'art, comme dans l'histoire des religions : *Le Temple de Jérusalem*. Nous avons essayé de raconter ses transformations successives qui, toutefois, n'en ont pas altéré le caractère primitif et les lignes générales. Les sources auxquelles nous avons emprunté les éléments de cette étude sont fort nombreuses : c'est dire que nous ne prétendons pas revendiquer l'honneur d'avoir fait nous-même les découvertes que nous signalons. Si nous avons osé émettre çà et là nos conjectures personnelles, le lecteur voudra bien excuser notre témérité. Le but que nous avons poursuivi, c'est, d'une part, de réveiller et de fortifier le sentiment de respect et d'admiration professé par nos pères pour le Temple, dont ils aimaient à retracer les splendeurs et dont ils pleuraient la chute, comme si elle les avait eus pour témoins ; d'autre part, nous voulions montrer une fois de plus combien le souvenir de tout ce qui se rattache à la Palestine et à son histoire est cher au cœur des savants. S'il est vrai que la science moderne recherche avec avidité tous les débris de l'antiquité, si elle étudie avec ardeur toutes les ruines, afin de reconstituer l'histoire de tous les peuples et de toutes les civilisations, il est un coin de terre qui attire les savants comme par un aimant puissant.

La Palestine, cet antique berceau de notre race, qui a vu sortir de son sein les trois religions principales qui se disputent le monde civilisé, semble, en effet, renfermer encore dans son sol, dans ses ruines, autant de merveilles qu'elle en a déjà laissé voir aux nations. Ce sera la gloire de notre temps d'avoir disputé à l'oubli et à la destruction tous les vestiges du passé qu'elle contient et ce sera l'honneur de ces pays qui s'appellent la France, l'Angleterre et l'Allemagne, d'avoir produit des hommes, des savants qui se sont livrés à ces recherches et qui nous ont laissé des œuvres durables, attestant à jamais la grandeur et l'originalité de la Palestine et de ses monuments.

Quant à nous, nous n'aspirons qu'au seul honneur de contribuer à vulgariser ces recherches scientifiques, en les présentant dans leurs résultats et dans leur ensemble, et nous ne formons qu'un vœu, c'est de voir les savants français prendre de plus en plus goût à ces études si attrayantes.

J. HERRMANN,

Rabbin de Valenciennes.

25 Juillet 1882.

SOURCES A CONSULTER :

KEIL :	*Der Tempel Salomos*, Dorpat, 1839.
C.-W.-F. BÆHR :	*Der Salomonesche Tempel*, Karlsruhe, 1848.
O. THENIUS :	*Das Vorexilische Jerusalem u. dessen Tempel*, Leipzig, 1849.
WINER :	*Real Worterbuch* : Art. Jerusalem.
SCHENKEL :	*Bibel lexicon Art. Tempel.*
WOGUÉ :	*Le Temple de Jérusalem.*
ROSEN :	*Das Haram zù Jérusalem u. der Tempel platz zù Moria*, Gottingue, 1866.
KEIL :	*Biblische Archæologie.*
ROBINSON :	*Palaestina.*

LE TEMPLE DE JÉRUSALEM

LE TEMPLE DE SALOMON

Le deuxième livre de Samuel raconte, en termes fort simples et éloquents, comment la pensée d'ériger au Seigneur un sanctuaire digne de lui a surgi dans l'esprit du roi David. Il ne voulait pas continuer à habiter un palais de cèdre, quand l'Arche d'alliance habitait au milieu d'une tente. Le prophète Nathan, à qui David exprima cette pensée, l'approuva tout d'abord. Mais une vision divine lui ordonna de détourner le roi de son projet (II, *Sam.*, VII, 4). La raison de cet empêchement mis par le prophète Nathan au projet du roi n'est pas indiquée clairement dans ce passage de Samuel. Il semble que le Seigneur ait condamné le dessein de David parce qu'il trahissait son ambition. C'était aussi une insulte au Tabernacle, à l'humble tente du désert, qui avait accompagné Israël dans ses longues pérégrinations, qui fut témoin de ses gloires, de ses chutes, de ses revers, qui avait présidé à la conquête de la Palestine, qui l'avait précédé dans les batailles et qui avait retenti tant de fois de l'écho de ses cris de victoire.

Cette explication, qui semble la plus naturelle, est contredite, en apparence du moins, par le passage des *Chron.*, I, XXII, 8. Il ressort en effet de ce texte, que Dieu s'est opposé à l'entreprise de David, à cause des nombreuses guerres qu'il avait entreprises, du sang qu'il avait répandu. Cependant la contradiction avec le passage de *Sam.*, II, VII, 4, n'est pas formelle ; tout au plus, peut-on admettre, qu'à côté des raisons alléguées par Nathan, il y avait encore ce motif si légitime, quand on songe à l'importance morale de l'œuvre projetée par David. Si le prophète Nathan n'a pas exprimé cette pensée, elle était en quelque sorte sous-entendue par lui : il ne voulait sans doute pas blesser l'orgueil de David en lui reprochant ses guerres entreprises pour l'affermissement de sa dynastie et l'agrandissement de son royaume ; mais David a compris son silence et il l'a interprété, suivant sa véritable signification. (I, *Chron.*, XXII, 8.)

Arrêté dans son projet par la volonté divine, David voulut du moins contribuer, autant qu'il lui était possible, à l'œuvre qui devait couvrir de gloire son successeur. Il prépara les matériaux nécessaires à la construction ; il amassa à cet effet de l'or, de l'argent, du cuivre et du fer. Ces métaux provenaient en grande partie du butin de guerre enlevé aux Syriens. (II, *Sam.*, VIII, 7 et 8.)

Le *Livre des Chroniques* s'étend, avec une certaine complaisance, sur les détails de tous ces préparatifs faits par David. Dans le chap. XXII du premier livre, l'auteur énumère la valeur de tous les métaux précieux entassés par ce prince. Au chap. XXVIII, 11, il nous montre David remettant à son fils les plans et les modèles qu'il avait conçus (1) pour *les parvis du Temple, pour les chambres d'alentour, pour les trésors de la Maison de l'Éternel, et pour les trésors des choses saintes, et pour les départements des sacrificateurs et des lévites, et pour tout l'ouvrage du service de la Maison de l'Éternel et pour tous les ustensiles du service de la Maison de l'Éternel.* Il lui donne également de l'or et de l'argent à *certain poids*, c'est-à-dire à *certain titre*, pour les ustensiles de chaque service. Winer (*Real., Wœrterb.*, p. 569) prétend que c'est à tort que l'auteur des *Chroniques* rapporte à David la conception des plans et modèles ainsi que la préparation des matériaux. Si ce prince, dit-il, avait fait tout ce que le premier *Livre des Chron.* (Chap. XXII) lui attribue, Salomon n'aurait pas eu besoin de prendre les longues et laborieuses dispositions qu'il a prises, d'après I, *Rois*, V.

Quoiqu'il en soit, Salomon reprit et exécuta l'idée de son père et commença la construction, aussitôt qu'il eut pris possession de son trône ou du moins lorsqu'il vit son pouvoir bien assis. Elle commença en l'an 480 après la sortie d'Égypte, la quatrième année du règne de Salomon (1012 ans avant J.-C.), le deuxième mois, au mois de Siv (I, *Rois*, XI, 1 et 37; — II, *Chron.*, III, 2) et elle fut achevée la douzième année, au huitième mois (appelé Boul): elle avait donc duré sept ans et demi. (I, *Rois*, VI, 38).

Pour hâter l'exécution de son œuvre, Salomon avait conclu un traité avec Hyram, le roi de Tyr, en vertu duquel celui-ci devait lui livrer du bois de cèdre, de cyprès, des pierres de taille du Liban. Salomon s'était engagé à lui envoyer des ouvriers de son pays pour couper le bois et tailler les pierres, mais ces travaux devaient être exécutés sous la direction et la surveillance des artisans phéniciens prêtés par Hyram. En outre, Hyram envoya à Salomon un habile artiste du nom de Huram, pour exécuter les travaux de fonderie et fabriquer les ustensiles et les vases du Temple, (I, *Rois*, V, 15; — II, *Chron.*, II). En échange de ces faveurs, Salomon expédia à Hyram des cargaisons de blé, d'huile et de vin.

L'emplacement destiné à l'érection du Temple était depuis longtemps consacré à ce but par la tradition. David y avait même érigé un autel (I, *Chron.*, XXI, 18-22, 1) lors de la peste qui désola la Pales-

---

(1) Au v. 19, David semble avouer qu'il doit ces plans et ces modèles à l'inspiration divine par l'intermédiaire d'un prophète. Il a paru à quelques auteurs, peu respectueux de la lettre de l'Écriture sainte, qu'il y avait là un nouvel empiètement du prophète Nathan. Après avoir approuvé le projet royal, il serait venu l'en détourner, d'après un prétendu ordre divin. Enfin, c'est encore au nom d'une révélation divine qu'il aurait imposé ses idées et ses plans à David. Le caractère de Nathan et celui des prophètes en général proteste contre cette opinion, bien qu'elle puisse sembler corroborée par le texte I, *Chron.*, XXVIII, 19.

tine. C'était la colline de Moriah, à l'Est de Jérusalem. Pour trouver la superficie nécessaire pour le Temple et ses parvis, qui devait être environ de 80,000 coudées carrées (400 coudées de longueur et 200 de largeur), il fallait niveler le sommet ou le plateau supérieur de la colline. Pour gagner plus de terrain, il fallait élever des murs de soutènement en pierres de taille, partant du bas de la vallée, surtout à l'Est, du fond de la vallée abrupte du Cédron. (*Josèphe, Bell., Jud.,* VI, III, 2; — *Ant.,* VIII, III, 2).

D'après *Jos., B., J.,* V, v, 1, Salomon n'aurait construit qu'un seul mur de ce genre, celui de l'Est. Les autres seraient postérieurs. Ailleurs (*Ant.,* XV, XI, 3), il les attribue tous à Salomon. Un auteur moderne, Robinson (*Palæstina,* I, p. 386, 393. II, 58), qui le premier a examiné les fortes murailles de soutènement des coins Est, Sud-Est, Sud et Sud-Ouest du Haram-Sherif et appelé l'attention des archéologues sur les fortes pierres à crénelures qui s'y trouvent, fait également remonter ces constructions à l'époque de Salomon. Rosen, au contraire (*das Haram zu Jerusalem u. der Tempelplatz zu Moria. Gott.* 1866), ne considère comme l'œuvre de ce prince, que les deux terrasses s'avançant en saillie hors du Haram, c'est-à-dire la plate-forme du dôme du rocher et la plate-forme qui se trouvait plus haut et dont l'emplacement est encore indiqué par la Sachra.

S'il y a d'autres restes de l'époque de Salomon, ils doivent exister sous le nouveau mur qui couvre une partie de la plate-forme. Selon Robinson, l'élargissement de la place du Temple vers le Nord, le pont de l'Ouest et les ouvrages de fortification sont de l'époque des Machabées. C'est seulement Hérode qui fit de cet espace extérieur un ensemble architectural, en y élevant de magnifiques portiques. Il y ajouta un tiers de la superficie totale, vers le Sud, où il construisit de formidables murs de soutènement. C'est à lui que nous attribuons les assises de pierres à crénelures des coins Nord, Est, Sud-Est, Sud, Sud-Ouest, y compris les murs de la porte du Sud, de la porte à degrés montant du Tyropeion, une partie de l'arc de la voûte de Robinson et la voûte sous la Suk Bab Sinsleh.

Ce qui est établi, d'après tous les auteurs, c'est qu'à l'époque de Hérode, le Temple occupait toute la circonférence du Haram actuel ; quant au Temple de Salomon, il ne se trouvait pas, comme le veulent quelques-uns (Fergusson) au sud-ouest, mais au nord du Haram. Cependant la construction de Salomon n'était pas limitée à la plate-forme sur laquelle s'élève le dôme du rocher et à la terrasse dont l'emplacement est indiqué par la Sachra (mosquée d'Omar). Salomon ayant bâti, non-seulement le Temple avec le parvis des prêtres, mais encore le parvis extérieur, le parvis des Israélites, la circonférence extérieure doit avoir été plus grande et s'étendait de l'O à l'E plus loin que la Sachra.

Les auteurs discutent aussi beaucoup sur l'emplacement de l'aire d'Aravna : Rosen la place à l'endroit appelé aujourd'hui le rocher de Dieu, *Sachret Allah,* dans la mosquée actuelle d'Omar. C'est au-dessus de ce rocher qu'il prétend pouvoir placer le Saint des Saints. Ailleurs, Rosen avoue que cet endroit était seulement le centre de la place du Temple.

PLAN ET DISPOSITION DU TEMPLE

Si l'on examine attentivement les instructions données par David à Salomon (I, *Chron.*, xxviii, 11 et 19), au sujet du plan et de la disposition du Temple, on remarque qu'elles sont en quelque sorte calquées sur les passages de l'Exode où Moïse énumère les dimensions du Tabernacle. Le Tabernacle pouvait en effet servir de modèle, non seulement à cause de l'excellence de sa construction, mais encore parce que le Temple ne devait être autre chose qu'un Tabernacle solide, immobile, au lieu de la tente mobile du désert. — Le plan du Temple est relaté par deux passages (I, *Rois*, vi, 7, 13 et 51 ; — II, *Chron.*, iii, 14). Ces deux passages offrent certaines contradictions : plusieurs points importants y sont omis. Enfin, ils contiennent des expressions techniques qui restent obscures pour nous. On ne peut guère compléter ou corriger ces passages par les indications de Josèphe *Ant.*, viii, 3, car il diffère de l'une et l'autre relation, surtout au sujet des dimensions. La vision, dans laquelle Ezéchiel nous décrit les dimensions d'un temple idéal (Ez, Ch. 40-42 46, 19-24), a semblé, aux yeux de certains auteurs, renfermer des indices historiques plus exacts que les renseignements fournis par Josèphe. On a pensé qu'Ezéchiel, en sa qualité de fils de prêtre, pouvait avoir des connaissances précises sur les dimensions et le mode de construction du temple qu'il avait encore vu et fréquenté dans sa jeunesse. Divers auteurs et surtout I.-F. Bottcher (1), Ewald et Hitzig ont essayé de dégager de cette vision les renseignements historiques qu'elle pouvait contenir et de reconstituer ainsi lo Temple d'avant l'exil. La liste des essais tentés par les théologiens ou par les architectes modernes pour refaire le plan et rétablir la construction du Temple de Salomon est fort longue : Depuis Juda Léon (2) jusqu'à Stieglitz (*Gesch. der Baukunst*, 1827) et V. Meyer (3), la tentative a été faite bien souvent, avec plus ou moins de talent, mais sans résultat bien certain.

Quoiqu'il en soit, voici la description du Temple, telle qu'il est permis de l'établir d'après les textes et les sources principales.

Le bâtiment lui-même (*habayis*) avait une longueur de 60 coudées, une largeur de 20 coudées et 30 coudées de hauteur. Il était divisé en deux parties par le Saint et le Saint des Saints : le lieu Très-Saint mesurait 20 coudées et formait un cube parfait. (I, *Rois*, vi, 2).

---

(1) *Proben. Alttestam. Schrift erklærung* (Lpz., 1833.)

(2) *Libri 4 de templo Hieros. tam priori quam poster. ex hebr. lat. vers. a,* I. Saubert Hilmst., 1665.

(3) *Der Tempel Salomos*, Berlin, 1830.

Le lieu Saint mesurait 40 coudées de long, 20 coudées de large et 30 coudées de haut. Il était séparé du lieu Très-Saint par une paroi en bois de cèdre.

La hauteur de 30 coudées du lieu Saint n'était plus en analogie avec les dimensions du Tabernacle. On a voulu expliquer cette divergence en prenant la hauteur de 30 c. pour la mesure extérieure, c'est-à-dire y compris la charpente. L'élévation intérieure n'aurait été que de 20 coudées (1). Les 10 autres coudées comprenaient la charpente du toit et la hauteur du socle. Cette explication n'est pas juste. Il n'est pas possible d'interpréter les indications du passage des *Rois*, I, VI, 2, en prenant la mesure de la longueur et de la largeur pour la mesure intérieure, et la hauteur pour la mesure extérieure. Stieglitz (2) et Gruneisen (3) prétendent que le Saint des Saints était extérieurement aussi de 10 coudées plus bas que le lieu Saint. Il est possible que les 10 coudées qui font l'objet de cette difficulté aient été prises par les chambres hautes mentionnées dans *Chron.*, II, III, 9.

En avant du bâtiment, sur le front Est, se trouvait un portique (*Oulam*) à double porte (II, *Chron.*, XXIX, 7 ; — *Ezech.*, XL, 48 ; — *Joel.*, II, 17. Ce portique avait une longueur de 20 coudées, dans le sens de la largeur du bâtiment, du S. au N. et une largeur de 10 coudées dans le sens de la profondeur, d'E à O. La hauteur du portique n'est pas indiquée. Josèphe, *Ant.*, XV, XI, 1, d'après II, *Chron.*, III, 4, l'évalue à 120 coudées, de sorte que la façade antérieure du Temple de Salomon aurait été surmontée d'une tour, comme le sont beaucoup d'églises. Cette tour aurait été de deux tiers plus élevée que le bâtiment principal. Ce genre de construction existe dans le Temple de Paphos, dont nous trouvons l'image sur certaines monnaies (*Munter*, tabl. II). Cependant on n'y voit pas de tour aussi disproportionnée de hauteur. Stieglitz a imaginé fort ingénieusement de partager cette hauteur en deux et il place sur le portique deux tours ayant chacune 60 coudées de haut. — La plupart des archéologues se voient forcés de considérer le chiffre de 120 coudées comme une exagération ou une faute de l'auteur des *Chroniques*. Ce qui semble confirmer cette opinion, c'est que les dimensions de la longueur et de la largeur, indiquées pour le portique (20 et 10 coudées) ne permettent pas d'admettre la superposition d'une tour de pareille hauteur. On pourrait, dit Keil (*Hdb. der bibl. Arch.*), trouver un chiffre raisonnable pour la hauteur du portique, en l'égalant à peu près à la hauteur des colonnes placées devant de chaque côté. Or, celles-ci, dont l'une s'appelait Jachin et l'autre Boas, mesuraient avec leurs chapiteaux 23 coudées de haut. On peut donc évaluer la hauteur du portique à 25 coudées, de sorte que le bâtiment principal le dépassait encore de cinq coudées.

La position de ces deux colonnes devant le portique est très-contestée. Kugler, Schnaase et Romberg admettent qu'elles étaient indépendantes du portique et qu'elles n'étaient pas reliées entre elles,

---

(1) *Meyer, Bibeldeutungen. Mot.*

(2) *Beitræge*, I, p. 68.

(3) *Kunstblatt*, 1831.

comme le veulent Ewald, Merz et Thenius. En effet, les mots *ascher al peneï habayis* (II, *Chron.*, III, 15), leur caractère monumental, la mention qui en est faite, non pas dans la description du portique, mais dans l'énumération des objets qui garnissaient le Temple, tout semble indiquer que c'étaient des constructions isolées.

Thenius a transformé arbitrairement leurs noms qu'il considère comme des inscriptions. Ewald les a rattachées au portique de la façon suivante : au dessus de leurs triples chapiteaux, s'étendait une poutre qui les réunissait. Au dessus de cette poutre, une nouvelle ajouture partant des deux côtés, de la même largeur que la poutre, servait de base à la tour. Les colonnes, avec le soubassement qu'elles portaient, auraient eu une hauteur de 35 à 40 coudées ; la tour elle-même en aurait eu 80. Ewald a cherché à prouver l'existence de ce soubassement par l'interprétation du texte des LXX sur le v. 22. Mais ce passage est obscur et l'explication d'Ewald est purement fantaisiste. Comment comprendre, dit Winer, l'harmonie qui a pu exister entre ces colonnes hautes de 20 coudées et ce soubassement qui aurait eu presque même élévation ! Enfin comment se figurer ce mur haut de 80 coudées qu'elles auraient supporté ? Quelle ornementation ne lui aurait-il pas fallu, pour ne pas déparer la beauté de l'entrée !

D'après *Ez.*, XL, 49, le bâtiment du Temple doit avoir reposé sur un socle de pierres et on y arrivait par un escalier de plusieurs degrés. Cette disposition était fort usitée chez les Semites (les Babyloniens surtout) et il est permis de croire qu'elle a existé dans le Temple de Salomon, quoique le *Livre des Rois* n'en parle pas (I, *Rois*, 6).

CONSTRUCTIONS ADJACENTES

Sur trois de ses côtés à l'Ouest, au Sud et au Nord, le Temple était entouré de trois étages d'appartements servant à la garde des ustensiles et des provisions. Ces étages étaient bâtis de telle sorte que les poutres du plafond de chacun d'eux reposaient sur des saillies du mur du Temple ; elles n'étaient donc pas encastrées dans le mur même. Les appartements inférieurs avaient une largeur de 5 coudées, ceux du milieu étaient larges de 6 et ceux de l'étage supérieur de 7 coudées : en effet, à chaque étage, les saillies du mur du Temple qui supportaient la charpente des appartements rentraient d'une coudée, ce qui augmentait d'autant la largeur des chambres.

Josèphe, d'après *Ez.*, XLI, 6, fixe le nombre des chambres de chaque étage à 30 : suivant lui il y en aurait eu 12 sur chacun des côtés latéraux et 6 au fond.

La hauteur totale de ces étages était de 15 coudées, ce qui réduit la hauteur de chacun à 5 coudées non compris la charpente des plafonds qui mesurait une coudée par étage. La construction entière était donc plus basse que le bâtiment principal, qui pouvait avoir ainsi des fenêtres dégagées.

Un escalier en spirale, auquel on arrivait par une porte pratiquée au côté Sud du Temple, conduisait aux étages supérieurs. Quelques auteurs (Hirt et Bottcher) prétendent que la porte conduisant à l'escalier s'ouvrait sur l'intérieur du lieu Saint : sans doute, dit Winer, c'eût été plus commode pour les prêtres mais peu digne du Sanctuaire.

Là où le Temple dépassait d'une assez grande hauteur les constructions adjacentes, il faut placer les fenêtres mentionnées, I, *Rois*, vi, 4. Toutefois c'est seulement dans les murs du lieu Saint, qu'elles étaient pratiquées : le lieu Très-Saint était obscur comme l'avait été le Tabernacle. Ces fenêtres ne devaient pas servir à l'éclairage de l'intérieur : les lampes suffisaient à cet usage. Elles étaient destinées à la ventilation et à l'échappement des fumées d'encens. Le *Livre des Rois* les désigne par ces mots *halonci schequoufim atoumim*, ce qui signifie des fenêtres à barreaux encastrés dans le mur : le grillage était fixe et ne pouvait être ouvert. Beaucoup d'auteurs ont prétendu que ces fenêtres étaient larges à l'intérieur et fort étroites à l'extérieur, comme les meurtrières de nos fortifications.

Les murs d'enceinte du temple était en pierres de taille massives, I, *Rois*, vi, 7. Stieglitz a prétendu que les fondements et la partie inférieure seulement étaient en pierre ; au dessus il y aurait eu des travées en bois. Keil et Bæhr ont admis, au contraire, que les murs étaient en pierre sur toute la hauteur. A l'intérieur, les plafonds et les murs étaient lambrissés de cèdre (I, *Rois*, vi, 9, 15) ; le plancher était en bois de cyprès. D'ailleurs, plancher et boiseries étaient revêtus de plaques d'or qui faisaient ressortir avec netteté les sculptures couvrant les murs et représentant des chérubins, des palmes, des coloquintes, des boutons de fleurs.

Le texte biblique ne contient guère d'indications au sujet de la disposition des sculptures des boiseries. Il est permis de croire que les sujets étaient répartis en deux ou trois séries de compartiments, dont chacun renfermait un palmier entre deux chérubins, les fleurs faisant guirlande autour et séparant les compartiments (voir *Bærh, der Tempel*, p. 112). Ewald a prétendu que les boiseries n'étaient pas entièrement dorées ; elles auraient été seulement striées de raies d'or. Thenius a soutenu de son côté que les sculptures seules étaient laminées d'or. Ces diverses opinions sont formellement contredites par le texte I, *Rois*, vi, 22, qui montre les murs entièrement dorés.

La charpente du plafond était, comme nous l'avons dit, en bois de cèdre, mais nous ne savons si le toit a été un toit à pignon, comme le veut Hirt, ou un toit plat, comme le prétend Stieglitz. Cette dernière opinion paraît la plus vraisemblable ; les constructions orientales ont en effet le plus souvent le toit plat.

L'entrée du Saint des Saints était formée par une porte pratiquée dans la paroi en bois de cèdre qui le séparait du lieu Saint. Cette porte, qui était à deux battants et qui avait une largeur de quatre coudées, était en bois d'olivier sauvage. Elle était également recouverte de sculptures dorées représentant des chérubins, des palmes et des fleurs entr'ouvertes et elle se mouvait sur des gonds dorés. Les deux battants de cette porte étaient toujours ouverts, mais un rideau semblable à celui qui se trouvait dans le Tabernacle masquait la vue du lieu Très-Saint. I, *Chron.*, III, 14 et II, *Rois*, VIII, 8. Ewald conteste l'existence de ce rideau en s'appuyant sur les mots *vayeabeïr beratiquoth sohob lifneï hadvir* (I, *Rois*, VI, 21). Or, ces mots ne prouvent nullement que la porte du lieu Très-Saint fût fermée par des chaînes dorées, tendues sur toute la largeur de la porte, la dépassant même en faisant saillie sur le mur, ce qui rendrait le rideau superflu, suivant son opinion. Même en admettant l'existence de ces chaînes, nous pouvons croire qu'il y avait un rideau intérieur : celui-ci était en effet nécessaire pour masquer la vue du lieu Très-Saint au moment de l'ouverture de la porte. Du reste, quand le grand-prêtre y entrait avec l'encensoir en main, il ne pouvait guère le déposer pour ouvrir d'abord la porte ! — Thénius propose la solution suivante à la difficulté soulevée par le texte (I, *Rois*, VI, 21) : après le mot *vayeabeïr*, il veut intercaler le mot *porocheth*.

L'entrée du Sanctuaire, du lieu Saint, était formée par une porte à deux battants en bois de cyprès : les poteaux de cette porte étaient de bois d'olivier. Les deux battants se composaient de deux pans mobiles et indépendants l'un de l'autre. L'ornementation en était la même que celle de la porte du Temple (I, *Rois*, VI, 34). Sans doute les deux pans étaient superposés. Merz, Ewald, Bæhr, Diestel et Thenius veulent au contraire que les battants aient été fendus en deux dans leur largeur, de sorte qu'on pouvait se borner à ouvrir seulement la moitié d'un battant. D'après la vision d'Ezéchiel, il paraît que la porte du lieu Saint avait une largeur de 10 coudées.

Le texte ne parle pas de l'ornementation intérieure du parvis. Cependant on pourrait déduire de I, *Rois*, VII, 19, que les murs étaient couverts de lys sculptés. Le lieu Très-Saint ne contenait que l'arche de l'alliance ; dans le lieu Saint, il y avait dix lustres en or, la table des pains de proposition et l'autel des parfums.

D'après *la Mischna de Joma*, V, 2, l'Arche d'alliance, qui se trouvait dans le lieu Très-Saint, aurait reposé sur une pierre de trois pouces de hauteur ; cette pierre existait encore dans le second Temple.

LES PARVIS DU TEMPLE

Les textes parlent fort succinctement des parvis (I, *Rois*, VI, 36). Le Temple était entouré d'abord d'un parvis ou cour intérieure, à l'usage des prêtres. Le *Livre des Chroniques*, II, IV, 9, l'appelle expressément *hazar hakohanim*. Dans *Jeremie*, XXXVI, 10, il est appelé *hazar hoclyon,* parvis supérieur, parce qu'il était de quelques marches plus élevé que le grand parvis extérieur dans lequel on entrait par des portes d'airain. Ce parvis intérieur était entouré d'un mur de trois rangées de pierres de taille superposées d'une rangée de poutres en cèdre ne formant pas balustrade mais placées horizontalement sur les pierres, et coupées en pente des deux côtés pour faciliter l'écoulement des eaux.

C'est dans ce parvis intérieur que se trouvait l'estrade en airain sur laquelle se tenait Salomon lors de la consécration du Temple, II, *Chron.,* vi, 13. Cette estrade doit être identifiée avec celle dont parle le *Livre des Rois,* II, xi, 14, xxiii, 3. Le roi y avait accès par un escalier partant de la terrasse de son palais (I, *Rois,* x, 5 ; — II, *Rois,* xvi, 18 ; — II, *Chron.,* iii, 4).

En dehors et autour du parvis intérieur, s'étendait le parvis extérieur ou parvis des Israélites : nous avons dit qu'il était situé plus bas que le parvis intérieur. Le Temple lui-même était situé plus haut que ce dernier, de sorte que l'ensemble se présentait en forme d'amphithéâtre.

D'après certains textes, II, *Rois,* xxiii, 11 ; — *Jer.,* xxxv, 4, xxxvi, 10 ; — *Ez.,* vi, le parvis extérieur avait, à proximité des portes, de magnifiques portiques ; le long du mur d'enceinte il devait y avoir aussi de nombreuses chambres. Nous ne savons pas, d'une façon certaine, si ces portiques et ces bâtiments sont entièrement l'œuvre de Salomon : si quelques-uns sont postérieurs à ce prince, une partie a dû être construite de son temps, à cause des nécessités du service des prêtres et des lévites.

L'espace occupé par les parvis n'est pas indiqué clairement. Si on peut se rapporter à l'analogie qui devait exister avec les cours du Tabernacle, ou bien si on peut se fier aux indices qui se trouvent dans la vision d'Ezéchiel. n us aurions pour le parvis intérieur 100 coudées de large, 200 coud.es de long, ce qui ferait une superficie de 20,000 coudées (ces dimensions sont celles du parvis intérieur à l'Est ou sur le front du bâtiment principal). Le parvis extérieur, d'après cela, aurait mesuré 80,000 coudées carrées, c'est-à-dire 400 coudées de long et 200 de largeur. A l'Est, devant le parvis des prêtres, le parvis extérieur avait 150 coudées de long d'E. à O. et 200 coudées de large de N. à S. Tout l'espace occupé par les parvis occupait un carré de 500 coudées.

Si nous jetons un coup-d'œil sur l'ensemble de la construction, dit Winer, le bâtiment principal, le Temple nous présente un aspect très-beau, mais non grandiose. Les dimensions sont bien proportionnées, mais le bâtiment lui-même était petit, comme l'étaient du reste tous les temples anciens puisqu'ils ne devaient contenir que les statues des dieux et leurs autels. Les constructions adjacentes ne pouvaient déparer le bâtiment central, qui se présentait d'abord aux regards avec son beau portique et qui dominait du reste par sa hauteur les trois étages d'appartements. Beaucoup d'églises et notamment l'église de Dresde présentent cet aspect général.

HISTORIQUE DU TEMPLE DE SALOMON

Quand le Temple fut achevé, Salomon y fit transporter l'Arche d'alliance et il le consacra lui-même par une prière solennelle et remarquable. Il offrit aussi de nombreuses victimes pour les sacrifices du jour d'inauguration. (I, *Rois*, VIII). Cette solennité à laquelle étaient accourus les chefs des tribus et un grand nombre d'hommes du peuple dura sept jours. L'autel des holocaustes ne pouvait suffire à tous les sacrifices. Il fallait prendre à cet effet tout l'espace du parvis intérieur à l'Est du lieu Saint. (I, *Rois*, VIII; — II, *Chron.*, V, 6; VII, 7).

Après la prière de consécration que Salomon prononça agenouillé sur l'estrade d'airain dressée dans le parvis intérieur en face de l'autel (II, *Chron.*, VI, 13), le feu du ciel descendit et consuma les sacrifices (1).

Après la mort de Salomon, lors du schisme des dix tribus, le Temple cessa d'être le sanctuaire commun de tout le peuple. Jéroboam érigea des sanctuaires distincts pour les tribus d'Israël, à Bethel et à Dan. Pour le royaume de Juda, le Temple de Jérusalem resta le centre légitime du culte de Jehovah. Déjà sous le règne de Roboam, le Temple eut à subir un premier pillage, I, *Rois*, XIV, 26. Ce qui avait échappé à la rapacité de Sisak, l'Égyptien, fut employé par Asa à acheter l'alliance de Ben Hadad, roi de Syrie, contre Bassa, le roi d'Israël (I, *Rois,* XV, 18).

Sous le règne de Josaphat, le parvis extérieur fut réparé et agrandi (II, *Chron.*, XX, 5.) Sous Joas, il y eut une restauration importante (II, *Rois*, XV, 5) nécessitée par les dévastations qu'avait commises l'impie Athalie (II, *Chron.*, XIV, 7). Sous Amasia, tout l'or et l'argent, les vases et les ustensiles qui se trouvaient dans le Temple, furent pillés par Joas, roi d'Israël (II, *Rois*, XIV, 14). Plus tard, Jotham bâtit la porte supérieure du Temple (II, *Rois*, XV, 35 et II, *Chron.*, XXVII, 3), c'est-à-dire la porte de l'entrée du parvis intérieur. Le roi Achas fit ôter l'autel des sacrifices qui était d'airain. Il en mit un autre à la place, construit d'après un modèle rapporté de Damas. Il fit ôter également les parvis si artistement travaillés des dessous de bassins; il enleva les bassins eux-mêmes ainsi que les bœufs qui supportaient la mer d'airain qu'il plaça simplement sur une assise de pierre : *à cause du roi d'Assur.* Achas voulait mettre ces œuvres d'art à l'abri de la cupidité du roi d'Assyrie, dont il avait du reste acheté l'alliance contre le roi d'Israël, II, *Rois*, XVI, 18.

---

(1) Cette estrade était sans doute une espèce de chaire semblable ou plutôt identique à cet *amoud* dont parle le *Livre des Rois*. II, XI, 14 ; XXIII, 3. Cependant Thénius fait de ce dernier une construction à part.

Le pieux roi Ezéchias, forcé de payer tribut à Sanherih, prit tout l'or du Temple, même les plaques d'or laminé qui recouvraient les poteaux et les portes (II, *Rois*. xviii, 15).

Le Temple fut enfin complètement profané par Manassé qui fit bâtir dans les deux parvis un autel pour *toute l'armée céleste, litzvoh haschomayim*, plaça une image d'Aschera dans le lieu Saint, II, *Rois*, xxi, 4, v, 7. Il construisit aussi des chambres où les femmes tissaient des tentes en l'honneur de la déesse Astarté (II, *Rois*, xxiii, 1).

Josias fit disparaître ces abominations du Temple, II, *Rois*, xxiii, 4, mais sous Joachin, son successeur, Jérusalem ayant été prise par Nebucadnetsar, le trésor du Temple fut de nouveau pillé.

Onze ans plus tard, les Chaldéens vinrent dévaster Jérusalem et brûler le Temple, après avoir enlevé et fait transporter à Babylone les vases d'or et d'argent, le métal des colonnes, des supports et de la mer d'airain, II, *Rois*, xxv, 9. Le Temple avait duré 416 ans depuis son achèvement.

LE TEMPLE DE ZOROBABEL

L'édit de Cyrus proclamé en l'an 536 avant J.-C., permit aux Juifs de retourner dans leur patrie et de reconstruire le Temple : les vases emportés jadis par Nebucadnetsar leur furent restitués. Cyrus leur accorda même, sur la cassette royale, une subvention assez importante, et il recommanda au gouverneur du pays d'au delà de l'Euphrate, de surveiller le travail et de le faire avancer. *Ezra.*, i, 3 ; — vi, 3 ; — vi, 4. La première colonie qui partit de la Babylonie était sous la conduite de Zorobabel et de Josué. Grâce aux subsides fournis par le roi et à une collecte organisée parmi les Juifs de l'exil (*Ezra*, i, 6), ils purent embaucher des ouvriers phéniciens et l'œuvre de la reconstruction commença. Ils rétablirent tout d'abord l'autel des holocaustes à la place qu'il avait occupée, afin de pouvoir célébrer le culte quotidien, *Ezra*, iii, 1.

Après ces préliminaires, on prit les dispositions nécessaires pour activer les travaux : on embaucha des ouvriers tailleurs de pierre et charpentiers. Des commandes de bois de cèdre furent faites aux marchands phéniciens. Dès la seconde année du retour, dans le deuxième mois, les fondements étaient posés, *Ezra*, iii, 7-14. Les Samaritains, irrités du refus qui leur avait été opposé de prendre part à la reconstruction, intriguèrent auprès du roi Arthachschaschlta et lui arrachèrent une défense de continuer à bâtir. Les travaux furent interrompus pendant quinze ans et ne furent repris que dans la deuxième année du règne de Darius Hystape (l'an 520 av. J.-C.), qui remit en vigueur l'édit de Cyrus. La construction fut terminée le douzième mois de la sixième année du règne de ce prince, c'est-à-dire en l'an 515. Le Temple fut inauguré solennellement par *Ezra* (5 et 6) et la Pâque y fut célébrée quelques jours plus tard avec grande pompe.

Nous ne possédons pas de données exactes sur la disposition de ce Temple. Il est probable qu'il fut élevé sur l'emplacement du Temple de Salomon et d'après le même plan général. D'après *Ezra*, VI, 3, il avait 60 coudées de large et de haut. Il aurait donc dépassé en hauteur le Temple de Salomon. Josèphe (*Ant.*, XV, XI, 1), semble confirmer ce point en disant que le Temple de Hérode dépassait le Temple de Zorobabel de 60 coudées ; or, d'après lui, le Temple de Hérode avait 120 coudées. Winer conclut de ce passage de Josèphe, que la hauteur de 60 coudées indiquées par l'édit de Cyrus était la hauteur du portique, comme les 120 coudées du Temple de Hérode. Un autre passage de l'édit de Cyrus (*Ezra*, VI, 4) parle de trois rangées de pierre et d'une rangée de bois qui auraient formé les murs. Ce qui est certain, c'est que le nouveau Temple n'égalait l'ancien, ni en grandeur, ni en magnificence. Il lui manquait d'abord l'Arche d'alliance (*Talm.*, *Joma*, 21 [b]) ; à sa place, se trouvait une pierre. (*Joma*, 5 [b]).

Dans le lieu Saint, il y avait un chandelier en or, la table des pains de proposition et l'autel des parfums (I, *Mach*, I, 21 ; — IV, 49). Dans le parvis intérieur se trouvait l'autel des holocaustes (I, *Mach*,, IV, 45) et un grand bassin. Autour du parvis intérieur ; il y avait un parvis extérieur auquel étaient adossées des cellules et qui était orné de plusieurs colonnades et portes (I, *Mach.*, IV, 38-42).

Un pont reliait du côté de l'Ouest, l'édifice avec la ville (*Josèphe*, *Ant.*, XIV, IV, 2). Les archéologues discutent à ce sujet et attribuent ce pont, tantôt à Salomon, tantôt à Ezra ou à Hérode.

Le Temple de Zorobabel fut pillé et souillé par Antiochus Epiphane (I, *Mach.*, I, 21, 46 ; — IV, 38 ; — II, VI, 2). Mais il fut restauré et consacré de nouveau par Juda Machabée (I, *Mach.*, IV, 36.) qui fit fortifier l'enceinte extérieure (I, *Mach.*, VI, 7 ; — cf. IV, 60). Plus tard, Simon Machabée fit de nouveaux travaux de défense. Alexandre Jannée fit la grille en bois qui séparait le parvis des prêtres du parvis des Israélites (*Jos.*, *Ant.*, XIII, XIII, 5).

Bientôt après, Pompée s'empara de Jérusalem et du Temple. Le Temple fut pris le jour du Kippour, après un siège de trois mois : une foule d'Israélites furent massacrés dans les parvis. Pompée pénétra même dans le lieu Très-Saint, mais il respecta le Trésor sacré (*Neh.*, x, 39). Cet événement eut lieu l'an 63 avant J.-C. Lorsque Hérode le Grand s'empara de Jérusalem en l'an 37 av. J.-C., il détruisit plusieurs colonnades, après avoir fait égorger une foule d'Israélites (*Jos.*, *Ant.*, XIV, XVI, 2) dans les cours intérieures.

LE TEMPLE DE HÉRODE

Le Temple de Zorobabel ne put satisfaire la vanité et les goûts de luxe de Hérode. Il résolut donc de le reconstruire et de l'agrandir encore de façon à le rendre digne des belles constructions dont il avait orné Jérusalem. Les données sur l'œuvre de Hérode nous sont fournies par deux relations différentes : la description qu'en fait Josèphe, B., J., v, 5, est incomplète et peut-être fautive quant aux chiffres. L'autre relation se trouve dans le *Talmud*, traité de Middoth (*Mischna*, v, 10) ; elle est beaucoup plus détaillée et minutieuse. Sur les points principaux, les deux versions sont d'accord. Là, où il y a divergence, les archéologues donnent le plus souvent la préférence aux assertions de Josèphe.

D'après la *Mischna* de Middoth, Hérode aurait non-seulement reconstruit le Temple, mais y aurait ajouté des colonnades latérales. D'après Josèphe, il aurait aussi élargi le vaisseau du Temple et le mur d'enceinte. Si les restes du mur d'enceinte composé de pierres à crénelures qu'on retrouve dans le Haram actuel au Sud et à l'Est n'appartiennent pas à l'époque de Hérode, nous ne trouvons pas d'autre trace de son œuvre d'agrandissement. Tout au plus, pourrait-on croire qu'il aurait élargi le bâtiment même du côté du Nord. Quant à ce que dit Josèphe, cela s'applique sans doute à la voûte de la forteresse Antonia (*Robinson, Palæstina*, II, p. 89 et 159).

Hérode fit des préparatifs considérables : il commanda dix mille ouvriers pour les travaux ; il se procura mille chariots pour le transport des matériaux. Mille prêtres habiles dans les travaux de sculpture, exercés à la coupe du bois et à la taille des pierres, avaient été réquisitionnés par le roi.

L'œuvre de la reconstruction fut commencée la dix-huitième année du règne de Hérode (20 ou 21 ans av. J.-C.) Le Temple lui-même fut achevé en un an et demi : les parvis et le reste des constructions furent bâties en huit ans (*Jos., Ant.*, xv, 11 ; — v, 6). Les successeurs de Hérode continuèrent à y faire travailler jusqu'au début de la guerre de Judée ; les travaux ne prirent fin que sous le gouvernement du procurateur Albinus (vers l'an 64 après J.-C.) (*Saint-Jean*, II, 20).

Tout le bâtiment avait un stade de long et un stade de large, ce qui fait une surface de quatre stades (*Jos., Ant.*, xv, 11) c'est-à-dire un demi mille romain. La construction était en forme d'amphithéâtre, chaque parvis étant plus élevé que l'autre et le Temple dominant le tout (*Marc.*, XIII, 2, 3). Au dedans du mur d'enceinte s'étendait une espace qui entourait tout le Temple, Le mur d'enceinte était percé de plusieurs portes du côté de l'Est. De trois côtés, courait le long du mur d'enceinte une double colonnade, surmontée d'un toit en bois de cèdre, sur une largeur de 30 coudées. Du côté du Sud, de l'Est et de l'Ouest, s'élevait une magnifique colonnade à triple rangée (*Jos.. Ant.*, XV, II, 5).

L'existence de cette triple colonnade a été contestée par Hirt ; celui-ci, plaçant le bâtiment au centre des parvis, ne pouvait en effet trouver au Sud une largeur assez grande pour cette colonnade. Mais si on admet avec le *Talmud* (*Middoth*, II, 1), que le Temple se trouvait dans le coin Nord-Ouest du terrain, il reste précisément du côté du Sud une place suffisante pour une large colonnade. Robinson (*Topogr. Jerus.*, p. 71) croit avoir retrouvé des traces de cette colonnade ou du moins du mur auquel elle était adossée, dans le mur du Sud de l'Area actuelle de la montagne du Temple.

Le sol du Temple et des colonnades était dallé de pierres de couleur. Quelques degrés plus haut que le niveau de la colonnade, courait une balustrade (1) en pierre haute de trois coudées, dans laquelle étaient encastrées, d'espace en espace, des colonnes avec des inscriptions (2) grecques et latines défendant aux païens, sous peine de mort (3), de pénétrer plus avant dans le Sanctuaire. On montait quatorze marches et on arrivait à un espace large de dix coudées que le *Talmud* appelle *chil* (*Middoth*, II, 3 ; — *Chelim*, I, 8).

Au-delà, on trouvait le mur du véritable parvis. Ce mur avait une hauteur de quarante coudées à partir des fondations.

« Cette hauteur est fort contestée, car si on déduit les vingt-cinq cou-
« dées de la hauteur prise à l'intérieur du mur, de la hauteur extérieure,
« il resterait quinze coudées pour les quatorze marches de l'escalier :
« chaque marche aurait eu ainsi plus d'une coudée de hauteur, ce qui
« est peu probable. Du reste, *la Mischna de Middoth*, II, 3, dit que les
« marches n'avaient qu'une demi-coudée de haut. Il est probable, dit
« Winer, que le chiffre indiqué par Josephe est erroné. »

Cinq marches conduisaient aux portes. Du côté de l'Est, on arrivait d'abord dans le parvis des femmes qui était séparé par une paroi du parvis des hommes et qui, d'après le *Talmud*, était un carré de 135 coudées. A l'Ouest du parvis des femmes, mais quinze marches plus haut, se trouvait la porte de l'entrée principale du parvis des Israélites. (*Middoth*, II, 5 ; — *Succa*, V, 4).

Ces passages semblent prouver que les marches étaient en forme de demi-cercle. C'est à ces marches que les docteurs du *Talmud* rapportent le nom des *schireï hamaaloth*.

Le parvis des femmes était donc situé plus bas que le parvis des hommes. Cependant, pour leur permettre de bien voir, on avait construit une espèce d'estrade ou des gradins *Isoutsrah*. (*Middoth*, II, 5).

---

(1) Cette balustrade est désignée par le *Talmud* sous le nom de *sorek* (*Middoth*, II, 3), mais le *Talmud* ne parle pas des inscriptions. Cependant la défense est mentionnée, *Mischna-Chelim*, I, 8.

(2) Jahn se fondant sur une fausse interprétation de Josephe, B. J., V, V, 2, prétend qu'il y avait aussi des inscriptions en hébreu.

(3) Les archéologues appellent l'espace extérieur de la balustrade le parvis des païens.

Les portes étaient surbâties jusqu'à une hauteur de 40 coudées et supportaient des appartements. Elles étaient ornées de deux colonnes ayant une circonférence de 12 coudées. Elles étaient à double battant et avaient une hauteur de 30 coudées sur une largeur de 15. Elles étaient entièrement revêtues d'or et d'argent. La porte de l'Est en airain de Corinthe se distinguait par ses dimensions plus considérables (*Mischna-Tamid*, III, 7). Elle avait 50 coudées de haut et 40 coudées de large et elle était revêtue d'une ornementation fort riche de métaux précieux (B. J., VI, 5, 3. II, 17, 3). Les textes diffèrent au sujet du nombre de ces portes. Josephe en cite quatre, l'une dans la direction de la Citadelle royale du Sion, deux se dirigeant vers la ville basse et la dernière conduisant à un escalier reliant le Temple à la ville haute. Il ajoute qu'au Sud aussi il y avait des portes. Le Talmud (*Middoth*, I, 3,) parle de cinq portes qu'il répartit ainsi : deux au Sud, une à l'Ouest, une au Nord, une à l'Est. Keil (*IIdb. der bibl. Archaeol*) suppose que ces portes du Sud devaient conduire aux cryptes du Temple. La porte du Nord débouchait sur l'allée souterraine qui reliait le Temple à la forteresse Antonia. A l'intérieur de ces portes, le long du mur, couraient des salles fort simples, supportées par des colonnes artistement travaillées. Une balustrade en pierre, haute d'une coudée, séparait le parvis des prêtres du parvis des Israélites. Tout l'espace occupé par les deux parvis et le Temple présentait, d'après *Middoth*, V, 1, une longueur de 187 coudées et une largeur de 135 coudées. Pris isolément, les parvis avaient chacun une longueur de 5 coudées (*Middoth*, II, 6). Le parvis des prêtres entourait le Temple de tous les côtés.

« Le parvis des Israélites, d'après les dimensions précitées, ne pouvait
« se trouver qu'à l'Est en avant du parvis des prêtres, ce qui est contraire
« aux indications de Josèphe, B. J., V, v, 6. Aussi Hirt a-t-il soutenu que
« le parvis des Israélites courait autour du parvis des prêtres, au moins
« sur trois côtés. »

LE PARVIS INTÉRIEUR

Le parvis intérieur était entouré au Nord et au Sud de cellules servant à divers usages : il y en avait une qui servait de magasin de sel, une autre pour le bois, enfin la chambre des eaux où on lavait la toison des brebis offertes en sacrifice et sans doute aussi les autres victimes (*Mischna-Middoth*, v, 2). Au Sud, il y avait trois autres pièces : la première appelée *lischbath hagasith*, servit pendant quelque temps de salle de séance au Sanhedrin.

Au-dessous du parvis des Israélites, vers l'Est, il y avait deux chambres où l'on conservait les instruments de musique. Ces cham-

bres avaient des portes donnant sur le parvis des femmes (*Middoth*, ii,6).
Au Nord-Ouest du parvis, était situé le *beys hamoqued*, construction
voûtée, renfermant quatre pièces où on mettait les agneaux pour la
Pâque, et où on préparait les pains de proposition. (*Tamid*, iii, 3.)

C'est dans une de ces pièces que se trouvait l'entrée du bain souterrain, où les prêtres allaient se purifier en descendant par une allée
toujours éclairée. (*Tamid*, i, 1.) Ce bain semble donc avoir existé sous
le *chil* (voir *Middoth*, i, 9 ; — *Tamid*, i, 1). L'existence de ces souterrains dans le Temple est indiquée par Josèphe (B. J., vii, 2). *La Mischna
de Joma*, vi, 6, parle d'un canal souterrain, destiné à conduire le sang
des victimes dans le torrent de Cédron.

Winer suppose qu'il faut aussi placer dans le parvis des prêtres le
beys ôseï habisin, dont il est parlé dans *Tamid*, i, 3 et *Chron.*, I, ix,
31. Le *Tamud* place celui-ci au côté Sud de la porte de Nikanor.
La cellule des *haschaïm* et celle des *kelim* doivent avoir existé
également dans le grand parvis.

Dans le parvis des femmes, il y avait aux quatre coins, la cellule
pour le bois de rebut de l'autel ·(*Eduioth*, viii, 5) ; 2° la cellule de
purification pour les lépreux. (*Negaim*, xiv, 8) ; 3° la cellule où on
conservait le vin et l'huile pour les libations ; 4° la cellule où les
naziréens coupaient leurs cheveux et cuisaient la chair du sacrifice.

C'est aussi dans ce parvis qu'il faut placer les troncs pour les
offrandes, qui avaient la forme de trompettes (*Schekalim*, vi, 15).
D'après Josèphe (B., J., V, v, 2), il y aurait eu des troncs semblables
entre les colonnades du parvis intérieur et le bâtiment du Temple.

Les dalles de pierre qui recouvraient le sol des parvis étaient fort
incommodes pour les prêtres qui étaient obligés de faire leur service
pieds nus, de sorte qu'ils étaient souvent pris de refroidissements.
Pour guérir ces indispositions, il y avait, selon la *Mischna de Schekalim*, v, 1, un médecin spécial.

LE BATIMENT

Le bâtiment du Temple même qui était de 12 marches plus élevé
que le parvis des Israélites (*Jos.*, B., J., V, v, 4) et qui, d'après
Middoth, ii, 1, se trouvait dans le coin Nord-Ouest, s'élevait sur des
fondements neufs (*Jos.*, *Ant.*, XV, xi, 3) ; il était bâti de blocs de
marbre blanc couverts de riches dorures.

D'après Josèphe, B., J., V, v, 6, ces blocs avaient 45 coudées de long,
5 de haut et 6 de large.

La largeur du bâtiment (de S. à N.) était sur le devant de 100 coudées; dans le reste du bâtiment, la largeur n'était que de 60 coudées. Le portique avançait des deux côtés de 20 coudées. La longueur (d'E. à O.) et la hauteur du bâtiment étaient de 100 coudées : d'après *Josèphe Ant.*, XV, xi, 3, la hauteur était primitivement de 120 coudées et le bâtiment doit s'être affaissé de 20 coudées.

LE PORTIQUE DU TEMPLE

Le portique qui procédait le bâtiment mesurait 50 coudées de long, 20 de large et 90 de haut. Il était muni d'un portail de 70 coudées de haut, 25 de large. Ce portail était toujours ouvert, sans porte.

Keil (*Hdb., der bibl., Archaeol.*) conteste la largeur de 20 coudées indiquée pour le portique par Josèphe, B., J., V, v, 4, et le réduit à 10 coudées. D'abord, suivant lui, le terme largeur est impropre : ces 20 coudées représentent à vrai dire la profondeur du portique d'E. à O. Ceci posé, dit-il, si on considère que la profondeur de tout le bâtiment était de 100 coudées en en déduisant 40 + 20 coudées pour le lieu Saint et le lieu Très-Saint, 10 pour la construction du fond + 20 pour l'épaisseur des quatre murs, il reste 10 coudées pour le portique.

LE TEMPLE

Le Temple était divisé en deux parties : le lieu Saint qui avait 40 coudées de long, 20 coudées de large, 60 coudées de haut. Le lieu Très-Saint avait 20 coudées en large et en long et 60 coudées de haut.

D'après le *Talmud* (*Middoth*, iv, 7), le portique aurait eu 11 coudées de long, le lieu Saint 40, le lieu Très-Saint 20. A l'Ouest, derrière le lieu Très-Saint, il place une chambre de 6 coudées de profondeur et il donne aux murs une épaisseur de 23 coudées.

La hauteur du bâtiment est identique dans *Josèphe* et dans la *Mischna*, mais comme suivant le premier, le portique n'avait intérieurement que 90 coudées de haut et le lieu Saint seulement 60, il resterait au-dessus du portique, un espace de 10 coudées et au-dessus du lieu Saint, un espace de 40 coudées. Les 10 coudées du portique étaient sans doute prises par la toiture : en effet, un toit de 10 mètres est bien proportionné à un bâtiment large de 100 coudées. On ne peut pas en dire autant des 40 coudées au-dessus du lieu Saint : il faut donc croire avec le *Talmud*, qu'au-dessus du lieu Saint et du lieu Très-Saint, il y avait des appartements (*Middoth*, iv, 6) auxquels il attribue du reste une hauteur de 40 coudées.

Les 60 coudées restant sont ainsi réparties par le *Talmud :* 40 coudées pour l'intérieur du Temple, 11 pour les fondements et la charpente. Les autres 9 coudées auraient été prises par la toiture.

Dans le plancher de ces appartements il y avait des ouvertures pour faire descendre dans le lieu Très-Saint les ouvriers chargés des réparations qui pouvaient être nécessaires.

Josèphe ne dit rien de la toiture du bâtiment du Temple, sinon qu'elle était garnie de perches dorées, à la façon de nos paratonnerres, destinées à écarter les oiseaux (Josèphe, B. J., V, v, 6). La *Mischna* (*Middoth*, iv, 6) parle aussi de ces perches qu'elle appelle *koleach oreb, chasse-corbeaux,* en leur attribuant une hauteur d'une coudée. D'après *la Mischna*, le toit paraît avoir été un toit à pignon (*Middoth*, iv, 6) muni d'un garde-fou de 3 coudées de haut.

Des deux côtés du Temple qui n'avait intérieurement que 20 coudées de large, il restait un espace de 20 coudées qui, d'après Josèphe, était occupé par trois étages de chambres, jusqu'à une hauteur de 60 coudées, de sorte que le bâtiment central les dépassait de 40 coudées. D'après *Middoth*, iv, 3, il y avait à chaque étage 38 chambres, 15 sur chaque côté latéral, 8 au fond.

L'espace situé à l'intérieur du portique, des deux côtés du Temple, était occupé par deux chambres servant de magasins pour les coutoaux du service des sacrifices.

OBJETS GARNISSANT LE TEMPLE

Le lieu Très-Saint était tout à fait vide. Il était séparé du lieu Saint par une porte à l'intérieur de laquelle se trouvait un rideau. C'est ce rideau qui, suivant la légende chrétienne, se déchira lors de la mort de Jésus (*Math.*, xxvii, 51).

« Certains auteurs (Hug, Freiburg-Zeitschr.) rapportent ce fait au « rideau du lieu Saint. Ces vues sont fausses, parce que l'événement est

« bien plus important au point de vue moral, si on le considère comme
« la fin providentielle du lieu Très-Saint, désormais ouvert aux regards
« profanes : *Winer*, R. W.

Nous avons déjà parlé de la pierre qui remplaçait dans le lieu Très-
Saint l'Arche de l'alliance. Cette pierre servait au grand prêtre, le
jour de Kippour, pour y poser l'encensoir.

Dans le lieu Saint, il y avait, suivant Josèphe, le chandelier à sept
branches, la table des pains de proposition et l'autel des parfums.

Dans le portique, se trouvaient deux tables : l'une en marbre,
l'autre en or ; c'est sur ces tables que le grand prêtre déposait les
pains de proposition qu'il portait dans le lieu Saint ou ceux qu'il en
enlevait (*Schekalim*, vi, 4).

La porte du portique, toujours ouverte, était ornée d'un immense
cep de vigne en or (*Middoth*, iii, 8). D'après *la Mischna*, l'or de cette
vigne provenait de dons qui furent faits au Temple. Cette vigne était
du reste la représentation plastique du symbole prophétique mentionné dans *Jér.*, ii, 21 ; — *Ez.*, xix, 10 ; — *Joel.*, i, 7. — Les raisins
qui pendaient de ce cep de vigne avaient grandeur humaine.

C'est peut-être cette vigne qui donna lieu à la croyance admise par
les Païens que les Juifs adoraient Bacchus. En tout cas, Jésus l'avait en
vue lorsqu'il prononça le sermon mentionné, *Jean*, xv, 1.

Pour finir, mentionnons encore dans le parvis des prêtres l'estrade
en airain et le grand autel, c'est-à-dire l'autel des holocaustes. Dans
les dalles du sol, il y avait 6 rangées d'anneaux auxquels on attachait
les victimes. Il y avait en outre huit colonnettes surmontées de poutres en cèdre auxquelles on accrochait les victimes pour les écorcher.
Entre les colonnettes, il y avait des tables de marbre sur lesquelles
on mettait la chair et les intestins *Middoth*, III, lv, 2 ; — *Tamid*, iii, 5 ;
— *Schekalim*, vi, 4. A l'Est de l'autel se trouvaient encore deux
tables : l'une en marbre où on mettait la graisse des victimes, l'autre
en argent pour les ustensiles de service (*Schekalim*, vi, 4).

HISTOIRE DU TEMPLE

Le Temple communiquait directement avec la ville basse et était
relié à la ville haute, du moins avec la place du Xyste par un pont.
(*Josephe, Ant.*, XIV, iv, 2). Il était dominé par la forteresse que
Hérode avait fait construire dans la partie Nord-Ouest de la monta-
gne. (*Jos.*, B. J., VI, ii, 9.) Cette forteresse appelée la forteresse
Antonia communiquait avec le Temple par une allée souterraine. Du

haut de l'une de ses tours, on pouvait surveiller tout ce qui se passait dans les parvis. Il y avait constamment une garnison romaine chargée de réprimer toute tentative de rébellion de la part des Juifs. (*Jos., Ant.*, XX, v, 3.) Il y eut en effet, avant la catastrophe finale quelques soulèvements sanglants vite réprimés. (*Jos., Ant.*, XVII, ix, 3.)

Cependant, sous Hérode, le Temple en général ne fut pas endommagé. Il en fut de même sous le règne de ses fils.

Sous Hérode Agrippa II qui avait été chargé par l'empereur Claude de la surveillance du Temple, le peuple songea à restaurer le portique Est (*Jos., Ant.*, XX, ix, 7), qui avait été ruiné en partie par les soulèvements du règne de Hérode. Mais bientôt éclata le soulèvement général des Juifs contre les Romains, et le Temple devint le dernier refuge d'Israël contre l'ennemi déjà maître de la ville. Les Romains l'attaquèrent du côté de la forteresse Antonia (70 ans après J.-C.) et se précipitèrent dans l'intérieur, tandis que les Israélites mettaient le feu aux salles des colonnades. Au milieu du tumulte du combat, un soldat romain ayant jeté une torche allumée dans une des constructions latérales, l'incendie se propagea rapidement et consuma tout le bâtiment (le 10 du mois de Lous). Titus qui accourut pour préserver le Temple, demanda vainement aux soldats d'éteindre l'incendie. (*Josephe*, B. J., VI, iv, 5.)

Il est permis de croire que le désir de sauver le Temple n'était pas très vif, autrement on ne comprendrait pas que Titus n'ait pas été obéi, d'autant plus que la plus grande partie du bâtiment était en pierres. Si Josèphe attribue à Titus cette pensée généreuse, c'est sans doute parce qu'il voulait éviter de blesser les susceptibilités des Romains et se ménager la sympathie des grands, en présentant cet acte de sauvagerie comme un simple accident.

Les vases sacrés du Temple, la table en or qui servait pour les pains de proposition, le chandelier d'or et le rouleau de la loi figurèrent dans le cortège du triomphateur à Rome. La table et le chandelier, ainsi que deux trompettes sont représentés sur l'arc de triomphe élevé en l'honneur de Titus.

Cependant, il paraît que les fondements et quelques parties des murs restèrent debout. L'endroit même ou s'élevait le Temple fut toujours considéré par les Juifs, comme un lieu Saint et la ville de Jérusalem, quoique détruite, fut toujours un centre pour la population israélite et un sujet de crainte pour les Romains. L'empereur Adrien fit bâtir sur les ruines de la ville, une ville nouvelle : sur l'emplacement du Temple, il érigea un Temple en l'honneur de Jupiter Capitolinus, dans lequel il fit placer deux statues équestres à l'endroit même où se trouvait le lieu Très-Saint. Adrien défendit aux Juifs l'entrée de la ville (*Eusèbe*, H, E. IV, vi, 2). Sous Constantin le Grand, une tentative faite par les Juifs pour reconstruire le Temple de Jehovah fut sévèrement punie. L'empereur Julien (363 ans après J.-C.) entreprit cette restauration à grands frais, mais il fut empêché dans son travail par les flammes qui sortirent des fondements.

« Michaelis (*Zerstreute kleine Schriften*, iii, 453) a expliqué comment « l'air enfermé et comprimé dans les souterrains a pu s'enflammer tout « naturellement. »

Tout l'espace occupé autrefois par le Temple et par la forteresse Antonia, s'appelle aujourd'hui le *Haram es Sherif* et renferme la grande Mosquée *es Sakhra*, qui est haute de 15 à 16 pieds. La Mosquée *es Sakhra* porte aussi le nom de Mosquée *d'Omar*. Au Sud de celle-ci, se trouve la Mosquée *El Aksa*, bâtie sur l'emplacement d'une église. Tout l'espace a une longueur de 1,528 pieds anglais, du côté de l'Est, et une largeur de 955 pieds du côté du Sud. Le coin Sud-Ouest est à l'extrémité de la montagne taillée à pic et surplombe la vallée de Josaphat qui, à cet endroit, a 130 pieds de profondeur.

ENTRETIEN DU TEMPLE

La *Mischna Schekalim* rapporte que les frais d'entretien du Temple étaient fournis par un impôt spécial. Après la destruction du Temple, le produit fut attribué au Temple de Jupiter Capitolinus.

Après le retour de l'exil (*Nehemie*, x, 32), on commença à payer cet impôt : comme la colonie qui était revenue de Babylonie était fort pauvre et comme le gouvernement donnait une subvention pour les sacrifices, la contribution de chaque citoyen était fixée à un tiers de sicle. Plus tard, la date du payement de cet impôt fut proclamée chaque année au 1er Adar. Le 15 Adar, les changeurs ouvraient leurs bureaux dans les provinces et au 25 Adar, ils les transféraient dans le Temple, afin de permettre aux Juifs d'échanger leur monnaie contre celle qui était nécessaire pour l'impôt et pour laquelle on payait un certain agio (*Maaser Scheni*, ii, 7). Ceux qui n'avaient pas payé leur demi-sicle à la date du 25 Adar, voyaient leurs biens saisis (*Schekalim*, i, 3). Les villes de province et de l'étranger expédiaient le montant de l'impôt en or, à cause de la facilité du transport et confiaient l'envoi à une députation spéciale (*Schekalim*, ii, 1) placée sous la protection des autorités romaines. (*Josèphe, Ant.*, XVI, vi, 1). L'argent recueilli était déposé dans deux troncs placés dans le parvis des femmes : l'un de ces troncs était destiné à recevoir l'impôt de l'année, l'autre les arrérages de l'année écoulée (*Schekalim*, ii, 1 ; vi, 5). Ces troncs étaient vidés trois fois par an, et l'argent était versé par parties égales dans trois caisses (iii, 1 et 2). Michaelis (*Zerstreute kl. Schrift*, III, xliv, 1), estime le rendement annuel de cet impôt à un demi million de thaler, c'est-à-dire environ 1 800,000 francs. L'importance des sommes que le trésor du Temple arrivait ainsi à contenir excitèrent à plusieurs reprises, la convoitise des princes, généraux ou gouverneurs (I, *Mach.*, i, 23 ; — vi, 12 ; — II, *Mach.*, iii, 2 ; — iv, 39 ; — v, 16). Sans doute la légende populaire grossissait encore la valeur des sommes accumulées dans le Temple. Lors de la destruc-

tion du Temple par Titus, les chambres du trésor furent brûlées
avant que les Romains aient pu s'emparer des richesses qu'elles
renfermaient (*Josèphe*, B., J., VI, v, 2.

LES ARCHIVES DU TEMPLE

Certains auteurs modernes, sur la foi de vagues indications conte-
nues dans les écrits des Pères de l'Eglise, ont admis l'existence des
archives du Temple. Pour la période d'avant l'exil, la chose n'est pas
certaine, malgré les deux passages bibliques *Deut.*, xxxi, 26 et II
Rois, xxii, 8. L'assertion émise par Josèphe, *Ant.*, V, i, 17, n'est
probante que pour son temps : il est vraisemblable qu'à cette époque
les Ecritures Saintes étaient déposées dans le Temple, bien que lors
de la prise du Sanctuaire les Romains n'y aient trouvé que le Livre de
la Loi.

LES EX-VOTO

C'était un usage fort ancien chez tous les peuples d'apporter des
ex-voto dans les Temples, surtout à la suite d'une guerre heureuse,
lorsqu'on avait fait un riche butin. Le Tabernacle reçut des dons de
ce genre des Philistins, I, *Sam.*, vi. Le Temple aussi fut doté riche-
ment par des princes païens et par d'opulents prosélytes (1). La tradition juive célèbre surtout la générosité du roi d'Egypte Ptolemée
Philadelphe ; pour témoigner sa reconnaissance aux Israélites, lors de
la traduction de l'Ecriture sainte en grec, ce prince fit de grands
présents au Temple. (*Jos.*, *Ant.*, XII, ii, 4 et I, *Mach.*, i, 23.) Les
ex-voto dont le Temple était orné excitaient l'admiration des visiteurs
(*Luc*, xxi, 5) et étaient considérés comme faisant partie du Trésor
sacré. Cependant il ne faut pas se les représenter sous forme d'ima-
ges ou de figures sculptées : on sait que les Juifs en avaient horreur
(*Philon*, *Op.*, ii, 588) ; c'étaient des ornements pour les murs du Temple, quelquefois aussi des vases servant au culte.

---

(1) II, *Mach.*, III, xxix, 16 ; — *Josephe, Ant.*, XIV, xvi, 4 ; xviii, 35 ; — B. J.,
II, xvii, 3 ; v, 13, 6 ; — *Apion*, ii, 5 ; — *Philon, Op.*, ii, 591.

Le passage de *Samuel*, i, 6, parle de souris d'or que les Philistins donnèrent, mais il est permis de croire que les Israélites ne les conservèrent pas, surtout si on songe qu'elles avaient été déposées par les donateurs sur la pierre qui supportait l'Arche d'alliance.

Les objets en nature étaient du reste moins nombreux que les dons en argent. (*Jos.*, *Ant.*, XII, iii, 3.) Le Temple reçut un jour comme cadeau les revenus d'une ville entière (Ptolemaïs) et de son territoire. (I., *Mach.*, x, 39.)

On conservait aussi dans le Temple des antiquités historiques, comme des armes de guerriers célèbres. *Le Livre des Rois* (II, ii, 10) nous parle des boucliers provenant du roi David, qui étaient conservés dans le Sanctuaire. De même on avait déposé dans le Tabernacle l'épée de Goliath (I, *Sam.*, xxi, 9) qui avait été placée derrière l'*ephod*.

LA GARDE DU TEMPLE

Pour la surveillance d'un grand édifice comme le Temple de Salomon ou de Hérode, il fallait un personnel nombreux. Avant l'exil, c'étaient les lévites qui étaient préposés à la garde, à l'ouverture et à la fermeture des portes. (II, *Chron.*, xxiii, 19.) Après le retour de l'exil, la police du Temple fut organisée sur une plus grande échelle. D'après Josèphe, B. J., VI, v, 3, les gardiens du Temple étaient sous la direction d'un chef. C'étaient les prêtres qui étaient chargés de l'ouverture et de la fermeture des portes, pour lesquelles il fallait vingt hommes. (*Josephe*, C. Apion, ii, 9.)

Josèphe parle à diverses reprises du chef de la police et de la garde du Temple. Il en est fait également mention dans le Nouveau-Testament. Il était placé sur le même rang que le Grand Prêtre, et avait son secrétaire particulier. (*Jos.*, *Ant.*, XX, ix, 3 : — *Actes des Ap.*, v, 24.) Il était chargé de la surveillance des parvis, au point de vue de la tranquillité générale. En même temps il devait veiller à l'observation de la défense faite aux Païens de pénétrer dans le Sanctuaire. Ce poste était très important, si on en juge par ce fait que le titulaire était considéré à l'égal du Grand Prêtre. Luc, (xxii, 52,) parle d'officiers de la garde. On a supposé que chaque poste de garde était sous le commandement d'un de ces chefs.

Peut-être faut-il voir dans ces officiers des officiers romains pris dans la garnison de la forteresse Antonia, qui surveillaient et contrôlaient ainsi les menées du peuple et des gardiens eux-mêmes. On pourrait se rendre compte de cette manière de l'expression employée par la Mischna de Schekalim, v, 1, qui appelle ces officiers des préposés ! Évidemment ces préposés sont des non-Israélites, des chefs imposés.

D'après *la Mischna de Middoth,* i, 1 et *Tamid,* i, 1, les prêtres occupaient trois postes de garde dans le Temple même. Les lévites en occupaient vingt (surtout près des portes des parvis). Les postes étaient visités pendant la nuit par le grand chef (*Middoth,* i, 2). Tous ces gardiens étaient chargés d'abord d'assurer l'ordre et la tranquillité dans les parvis, ensuite d'en défendre l'accès aux Païens et à ceux qui étaient en état d'impureté : enfin ils devaient maintenir chaque classe d'individus dans leur parvis respectif, en empêchant les Israélites de pénétrer dans le parvis des prêtres et les femmes dans celui des hommes. L'accès du lieu Très-Saint n'était permis qu'au Grand Prêtre le jour du Kippour : en tout autre jour de l'année, il lui était défendu comme à tout le peuple d'y entrer, sous peine de mort. (*Philon, Op.,* ii, 591.)

Il n'était permis à personne de venir dans l'enceinte du Temple, la canne à la main, ou sans être déchaussé (*Mischna Berach,* ix, 5) ; il était aussi défendu de passer par le Temple pour abréger la route, surtout quand on avait des paniers au bras (*Jebamoth,* vi, 2).

Le Temple construit par Onias, sous Ptolémée Philométor (180-145 av. J.-C.), à Léontopolis, était fait à l'image du Temple de Jérusalem, mais avec des dimensions plus petites. Il fut érigé à la place d'un temple égyptien ; peut-être n'en fut-il que la transformation (*Jos., Ant.,* xiii, 3 ; — xx, 10). Sous Vespasien, ce Temple fut détruit par les Romains : il avait duré 343 ans.

F I N

TABLE DES MATIÈRES

Imprimerie Veuve Edmon Prignet, Lacour et Cⁱᵉ,

Rue de Mons, 11, à Valenciennes.